Little Explorers Phonics Workbo

Louis Fidge

Contents

An introduction to phonics	2
How to use this workbook	3

Letter sounds
The sounds of the letters of the alphabet	4
Alphabet dot-to-dot puzzle	6
Alphabetical order	7

Letter sounds at the beginning of words
Recognising **b**, **g** and **r** at beginning of words	8
Recognising **f**, **k**, **n** and **p** at beginning of words	9
Recognising **d**, **l**, **m**, **q**, **s**, **t**, **y**, **w** and **z** at beginning of words	10
Recognising **a**, **h**, **e**, **j**, **i**, **l**, **o**, **w** and **u** at beginning of words	11
Identifying and matching **c**, **p**, **l** and **n** at beginning of CVC words*	12
Identifying and matching **b**, **h**, **t** and **s** at beginning of CVC words	13
Identifying missing letters **h**, **c**, **p**, **s** and **m** at beginning of CVC words	14
Identifying missing letters **b**, **m**, **j**, **s**, **d**, **p**, **l**, **v**, **n** and **r** at beginning of CVC words	15

Letter sounds at the end of words
Recognising **t**, **x** and **l** at end of words	16
Recognising **n**, **d**, **s** and **p** at end of words	17
Recognising **g**, **n** and **t** at end of words	18
Recognising **d**, **s** and **l** at end of words	19
Identifying and matching **g**, **n**, **p** and **x** at end of CVC words	20
Identifying and matching **d**, **t**, **n** and **g** at end of CVC words	21

Letter sounds in the middle of CVC words
Spelling and reading CVC words with the vowel **a**	22
Spelling and reading CVC words with the vowel **e**	23
Spelling and reading CVC words with the vowel **i**	24
Spelling and reading CVC words with the vowel **o**	25
Spelling and reading CVC words with the vowel **u**	26
Spelling and reading CVC words with varied vowels	27
Spelling and reading CVC words with varied vowels	28

The phonemes **ch**, **sh** and **th**
Identifying **ch** at beginning of words	29
Identifying **sh** at beginning of words	30
Identifying **th** at beginning of words	31
Identifying **ch**, **sh**, **th** at beginning and end of words	32

* CVC words: These are made up of three letters – a consonant, a vowel and another consonant e.g. *pen, cat*.

An introduction to phonics

What is phonics?
- Phonics is the understanding of the link between the sounds of English and the ways we write them.
- In phonics we teach children these sounds and how to use them to read and write words correctly.

Why do we teach phonics?
- Teaching phonics helps children to become better readers, writers and spellers.
- Phonics gives children some strategies and rules to use when reading, spelling and pronouncing new words.
- Most English words are regular phonic words (such as *cat* and *sheep*). They can be pronounced, read and spelled correctly by using phonics.

What are phonemes?
- The sounds we use together to make up words in English are called phonemes.
- There are just over 40 phonemes used in English.

How do we write phonemes?
- Phonemes are written using the 26 letters of the alphabet.
- We use these letters in different combinations to write the phonemes.
- Some phonemes can be written with one letter. For example, the word *cat* consists of three phonemes, *c-a-t* and three letters.
- Some phonemes are written with two or more letters. For example, the word *sheep* also consists of three phonemes, *sh-ee-p*, but here the letters *sh* together make one phoneme (or sound) as do the letters *ee*.

What do we need to teach children?
We need to teach children to:
- **hear and identify** the separate sounds that make up a spoken word;
- **learn the letters** (or combinations of letters) that represent different phonemes;
- **pronounce** words correctly by making these sounds themselves;
- **read** words by breaking them down into phonemes or sounds – sometimes called 'sounding out' words;
- **spell** words by putting the correct letters together – sometimes called word-building.

How to use this workbook

- Always introduce and read each page through with the children.
- Make the phonic focus of each page clear to the children.
- Check that they understand and can tell you what the page is about.
- Allow time to discuss fully each activity.
- Ensure the children have an opportunity to respond verbally before they try the activities individually.
- Encourage the children to say the sounds of the letters as they write them.
- On completion of the activity, talk through the children's answers together as a class. Ideally this should also be done with children individually.

- Look at the picture and identify what it shows.
- Say the word together – *bag*.
- Cover up the word and reveal one letter at a time, *b – a – g*.
- Say the individual sounds together as you do this, *b – a – g*.
- Ask the children to write the word, saying the sounds of the letters as they write them.
- Ask them to say the sounds they have written, *b – a – g*.
- Do this several times, reducing the pause between each sound, until they blend together into the word.

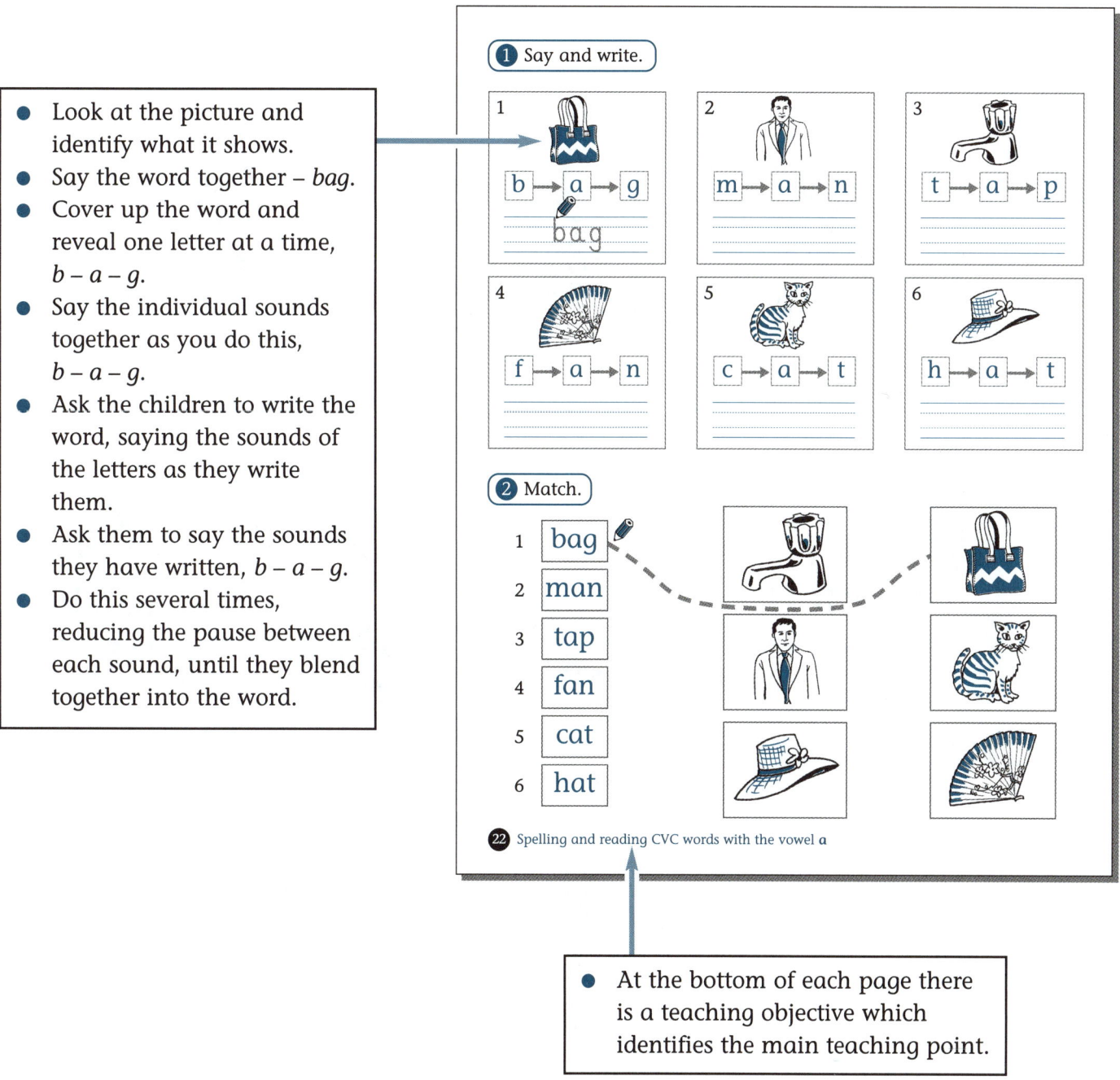

- At the bottom of each page there is a teaching objective which identifies the main teaching point.

How to use this workbook 3

Say the sound of each letter of the alphabet.

The sounds of the letters of the alphabet

Join the letters. Say the sounds.

6 Alphabet dot-to-dot puzzle

Fill in the missing letters. Say the sounds.

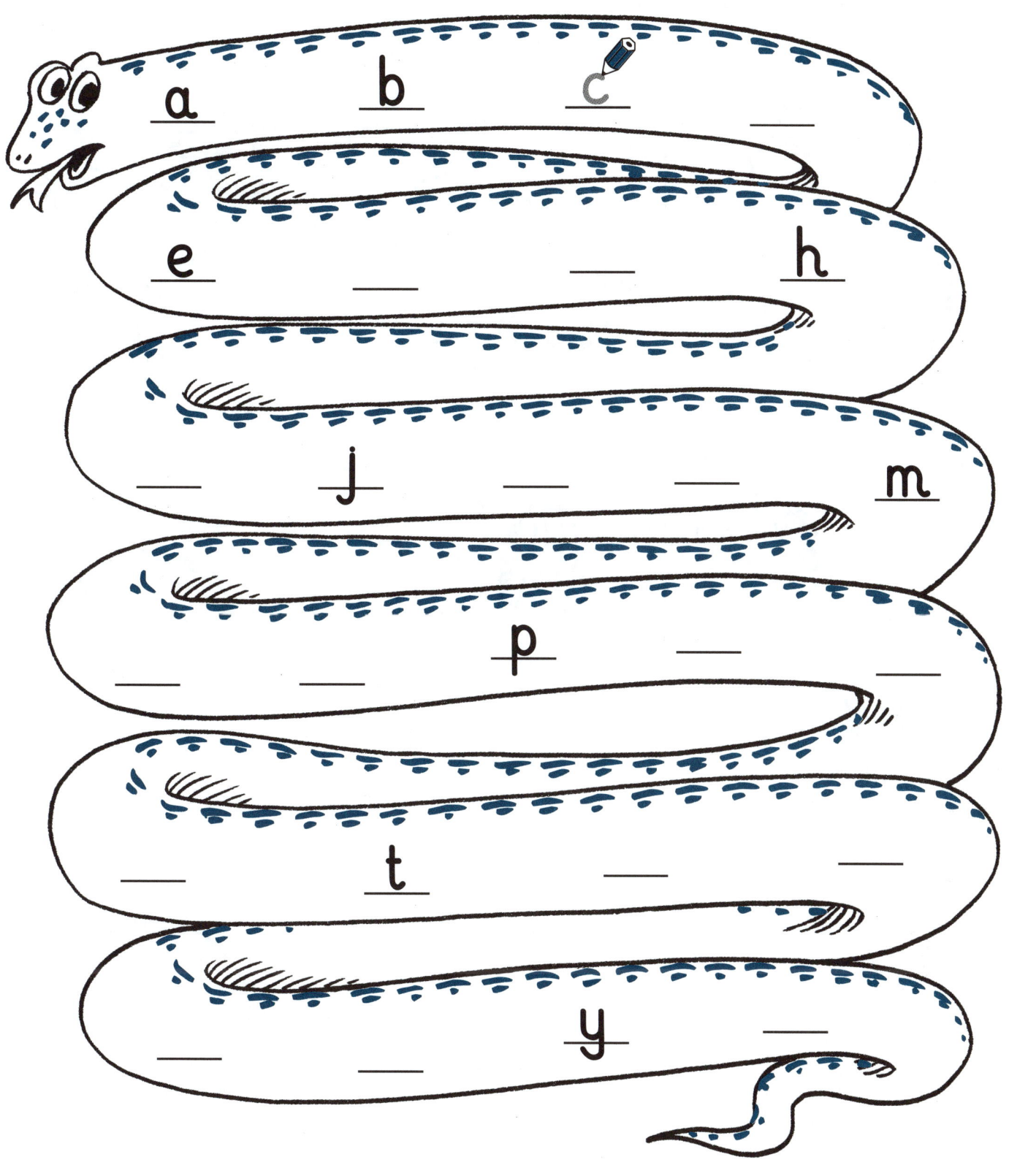

Alphabetical order

Colour **blue** the pictures that **begin** with **b**.
Colour **green** the pictures that **begin** with **g**.
Colour **red** the pictures that **begin** with **r**.

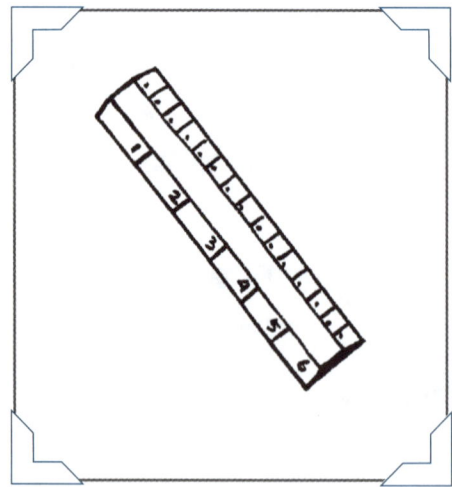  

Recognising **b**, **g** and **r** at beginning of words

Say the sound. Colour two pictures that **begin** with the sound.

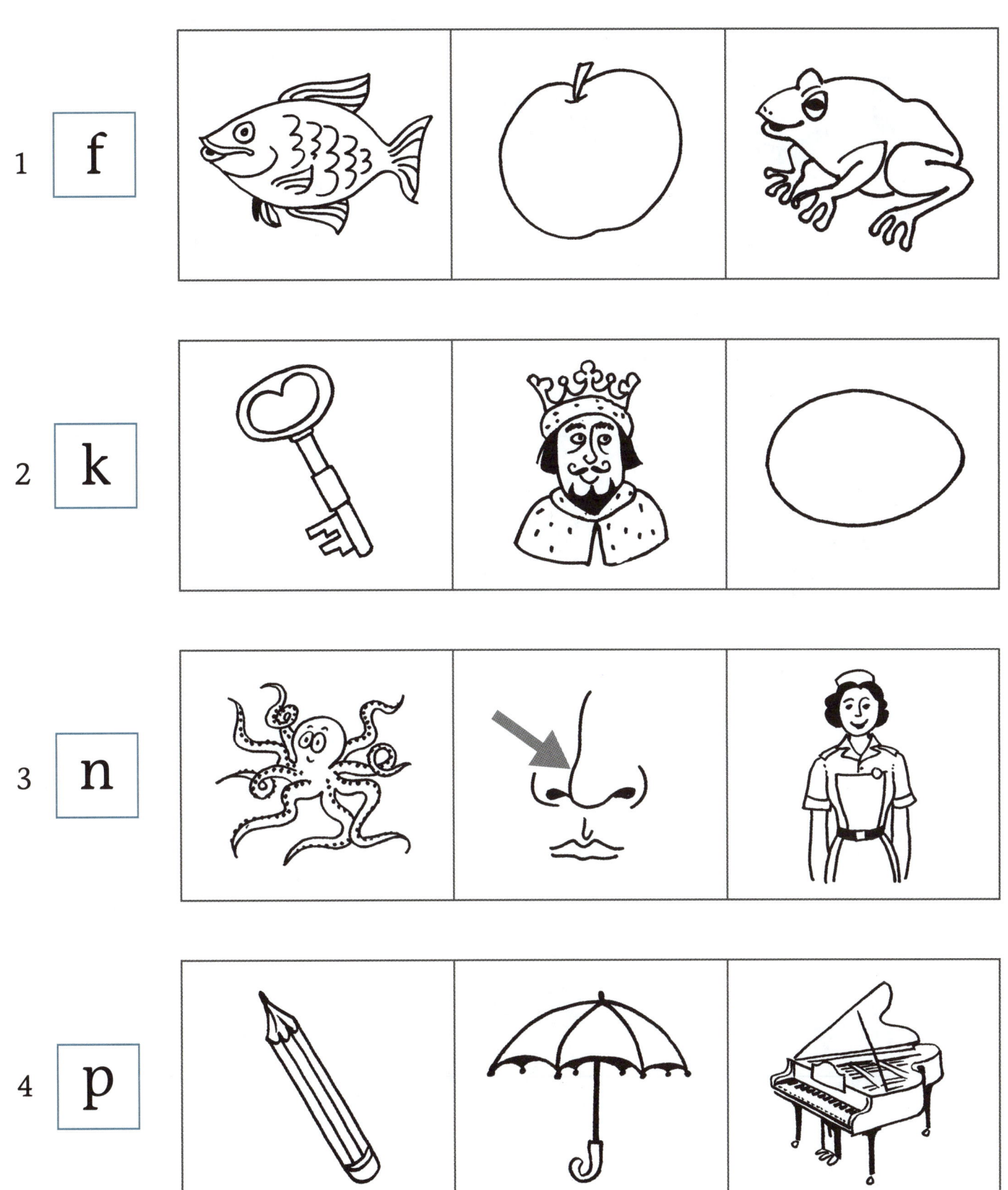

Recognising **f**, **k**, **n** and **p** at beginning of words

Write the correct letter.

c　　　d  1 d	t　　　v  2 ___	m　　　p  3 ___
w　　　b  4 ___	f　　　z  5 ___	l　　　k  6 ___
x　　　y 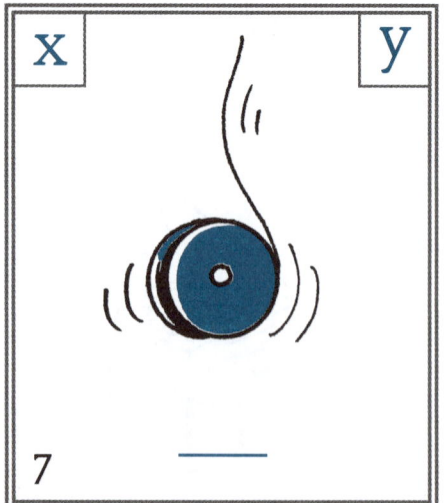 7 ___	q　　　r  8 ___	n　　　s  9 ___

10 Recognising **d, l, m, q, s, t, y, w** and **z** at beginning of words

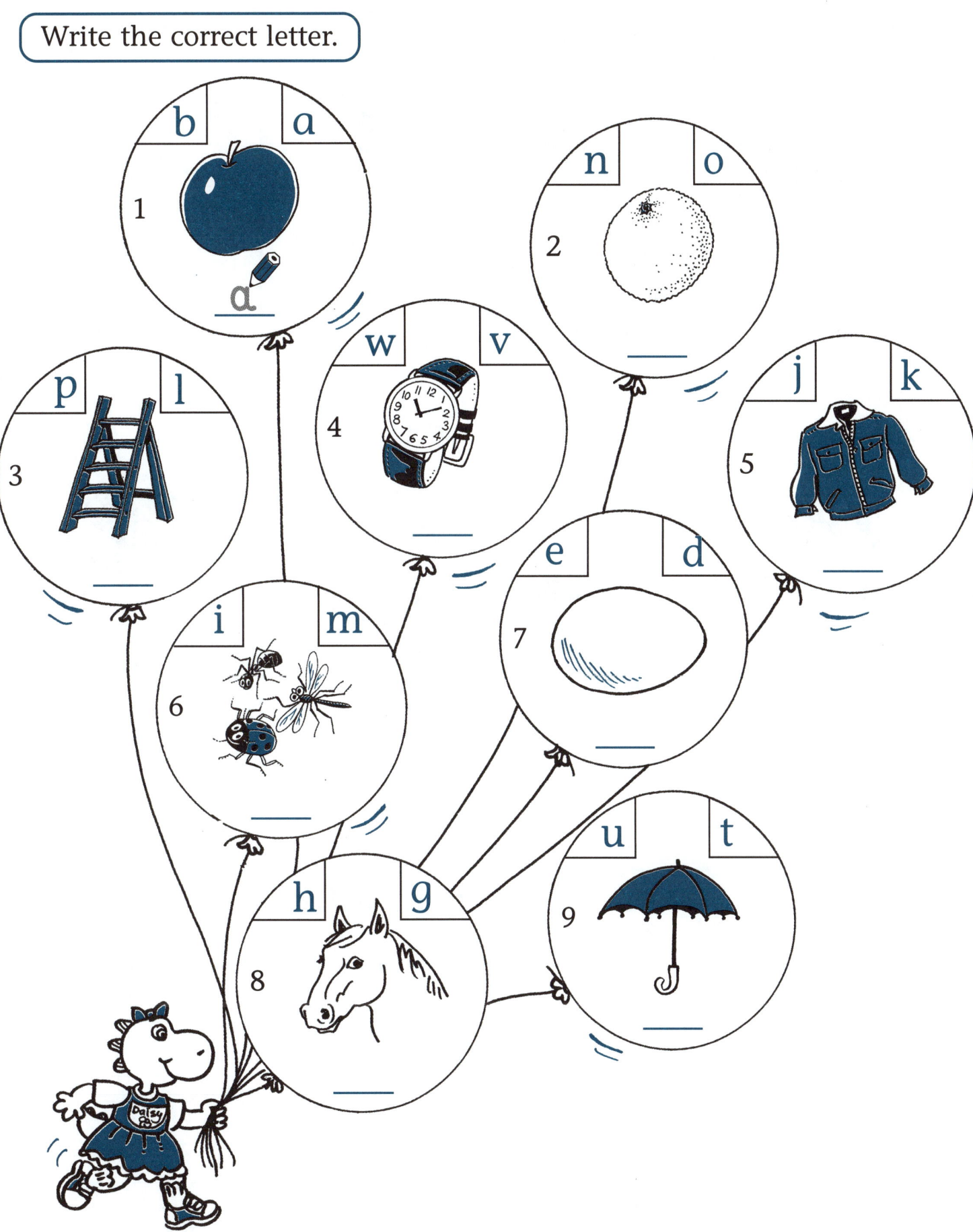

Write the correct letter.

Recognising **a**, **h**, **e**, **j**, **i**, **l**, **o**, **w** and **u** at beginning of words

1 Match the pictures that **begin** with the same letter.

2 Write.

Words that **begin** with:			
c	l	p	n
cat			

Identifying and matching **c, p, l** and **n** at beginning of CVC words

Write the correct letter.

m		h

1 **h** at

s		p

2 __un

s		h

3 __en

c		p

4 __up

m		s
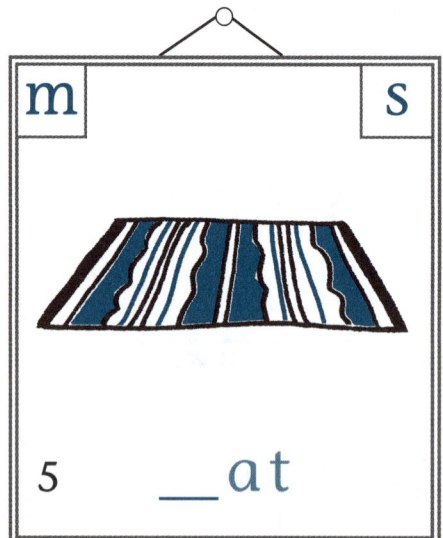
5 __at

h		p

6 __en

s		c

7 __at

m		p
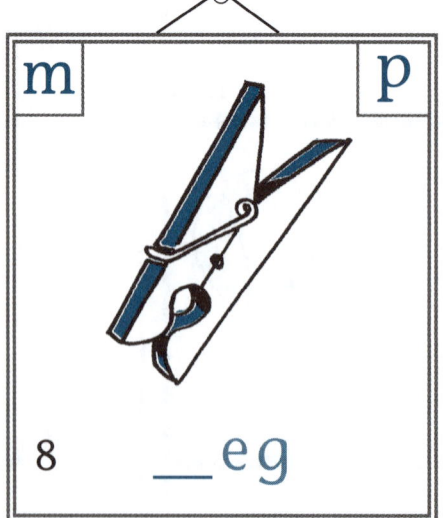
8 __eg

m		c

9 __ap

14 Identifying missing letters **h**, **c**, **p**, **s** and **m** at beginning of CVC words

Colour **yellow** the pictures that **end** with **t**.
Colour **red** the pictures that **end** with **x**.
Colour **green** the pictures that **end** with **l**.

16 Recognising t, x and l at end of words

Say the sound. Colour two pictures that **end** with the sound.

Recognising **n**, **d**, **s** and **p** at end of words

Say the sound at the **end** of the word. Write the correct letter.

18 Recognising **g**, **n** and **t** at end of words

1 Match the pictures that **end** with the same letter.

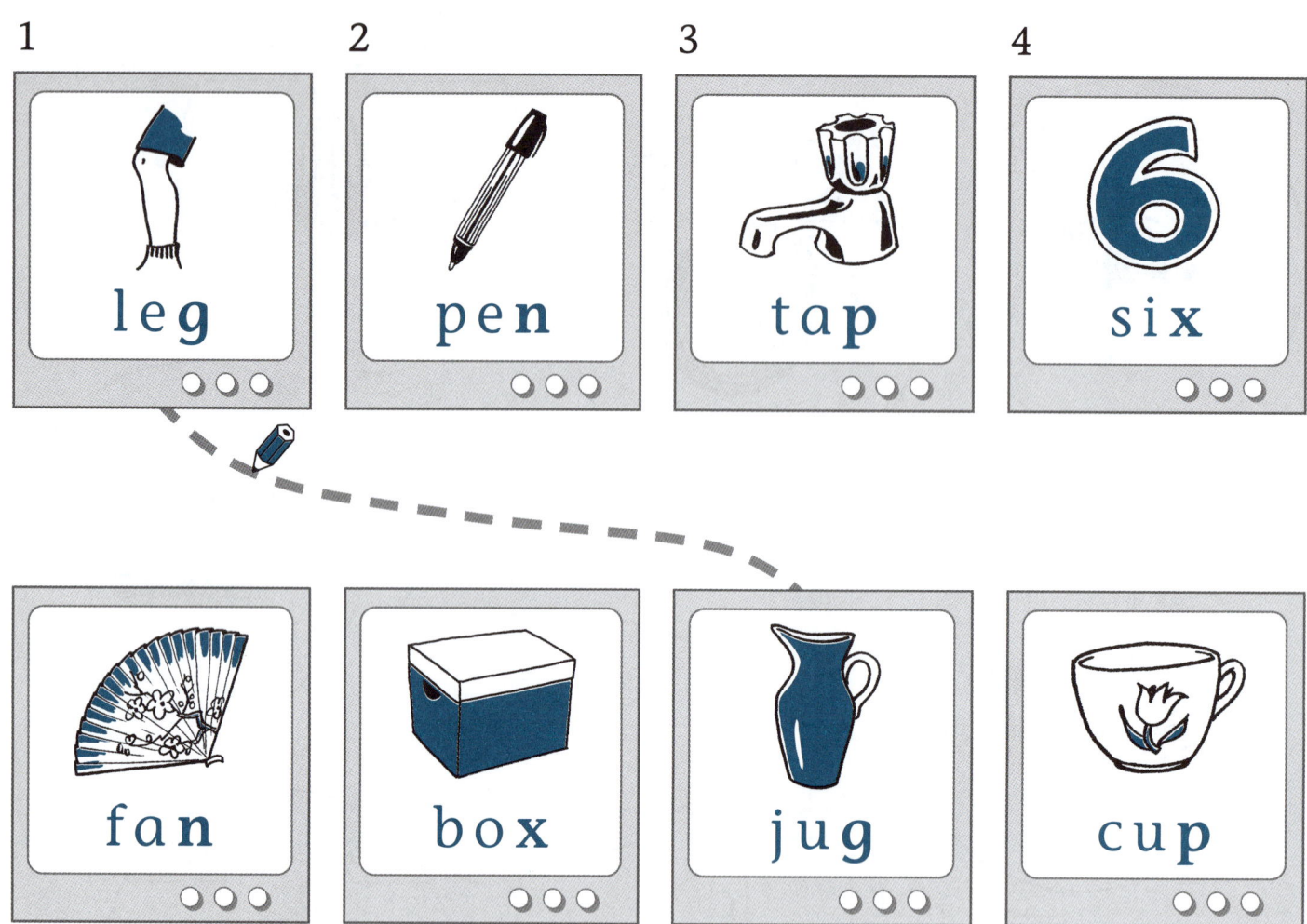

2 Write.

Words that **end** with:			
g	**n**	**p**	**x**
leg			

20 Identifying and matching **g**, **n**, **p** and **x** at end of CVC words

Match the pictures that **end** with the same letter. Then write the words.

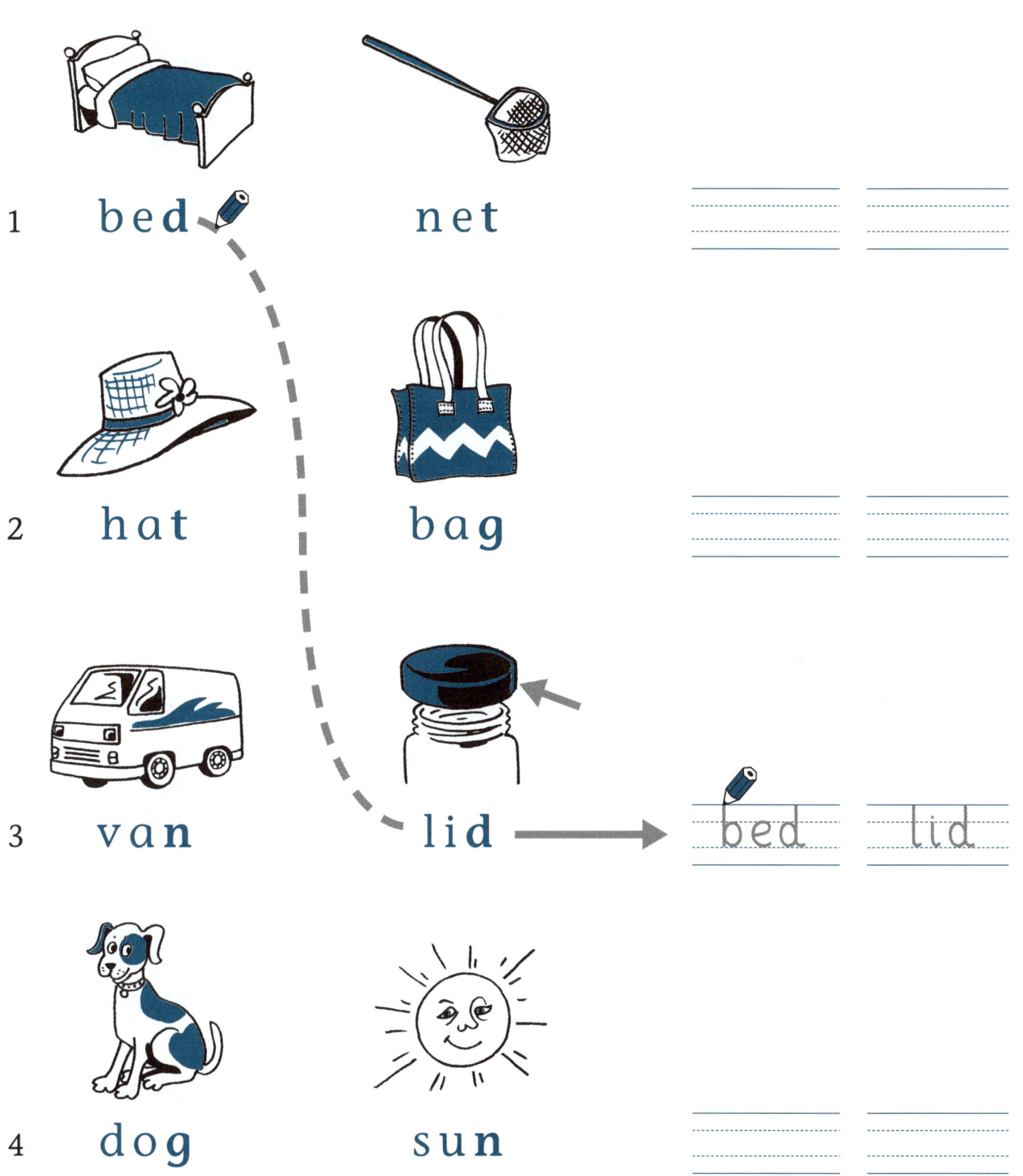

Identifying and matching **d**, **t**, **n** and **g** at end of CVC words

1 Say and write.

1
b → a → g
bag

2
m → a → n

3
t → a → p

4
f → a → n

5
c → a → t

6
h → a → t

2 Match.

1 bag
2 man
3 tap
4 fan
5 cat
6 hat

22 Spelling and reading CVC words with the vowel *a*

1 Say and write.

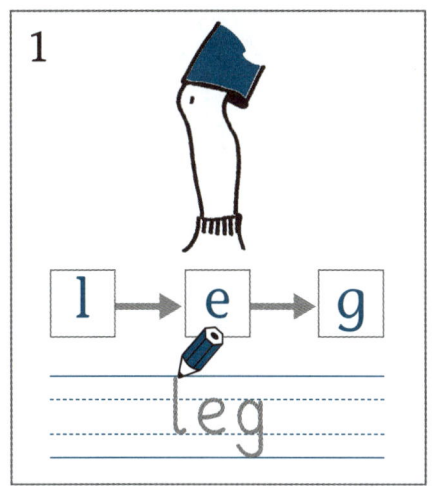

1 l → e → g
   leg

2 h → e → n

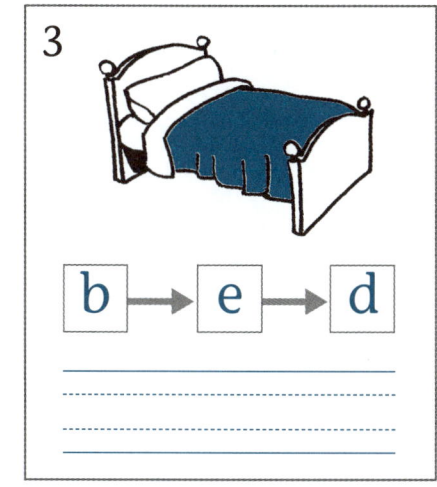

3 b → e → d

4 p → e → n

5 t → e → d

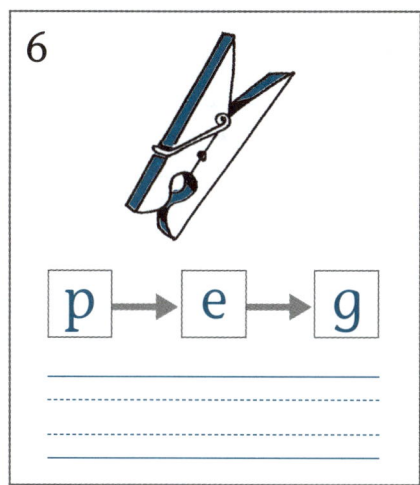

6 p → e → g

2 Match the words that rhyme.

1 leg   pen
2 hen   ted
3 bed   peg

Spelling and reading CVC words with the vowel e   23

1 Say and write.

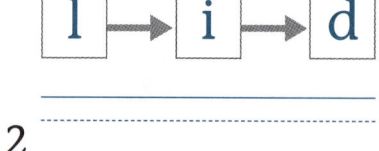 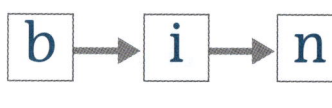

1 pin   2 _____   3 _____

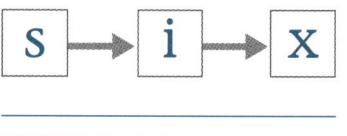 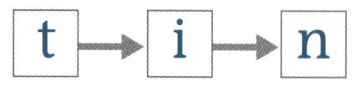 

4 _____   5 _____   6 _____

2 Match.

1	2	3	4	5	6
pin	lid	bin	six	tin	bib

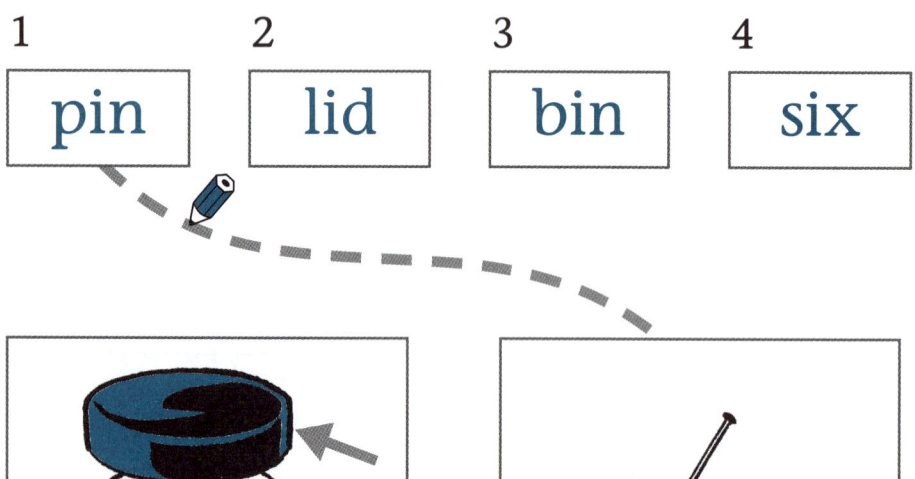

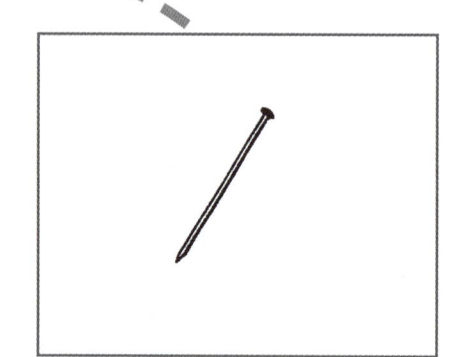
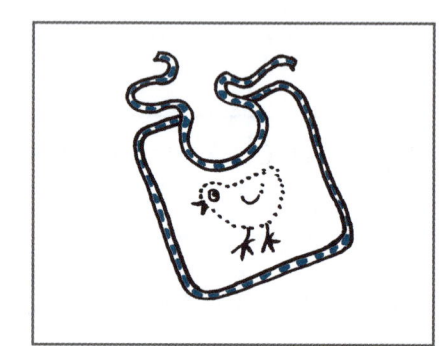

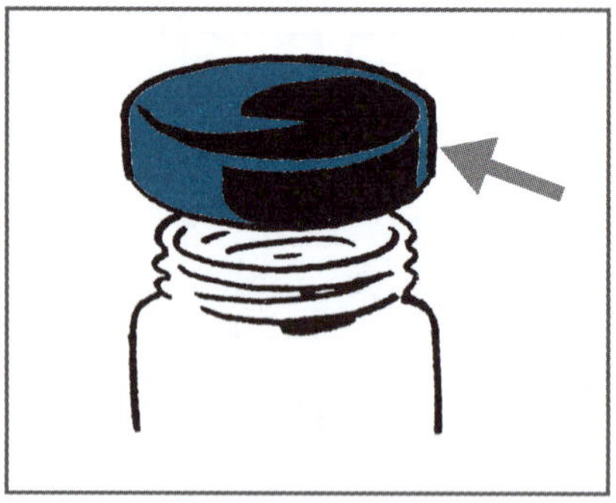

24 Spelling and reading CVC words with the vowel i

1 Say and write.

d → o → g	b → o → x	c → o → t
1 _dog_	2 _____	3 _____

f → o → x	p → o → t	f → o → g
4 _____	5 _____	6 _____

2 Write the correct word.

box or fox?

1 _box_

pot or cot?

2 _____

fog or dog?

3 _____

cot or pot?

4 _____

dog or fog?

5 _____

fox or box?

6 _____

Spelling and reading CVC words with the vowel o

1 Say and write.

1
m → u → g
mug

2
m → u → m

3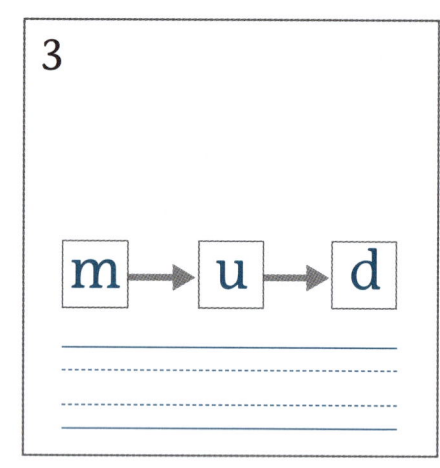
m → u → d

4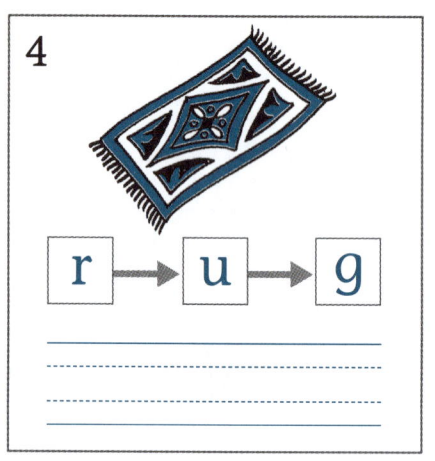
r → u → g

5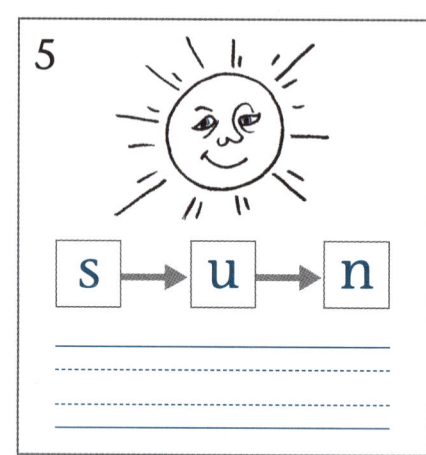
s → u → n

6
j → u → g

2 Match.

1 a mug and a jug

2 mud on a rug

3 my mum in the sun

26 Spelling and reading CVC words with the vowel **u**

1 Say and write.

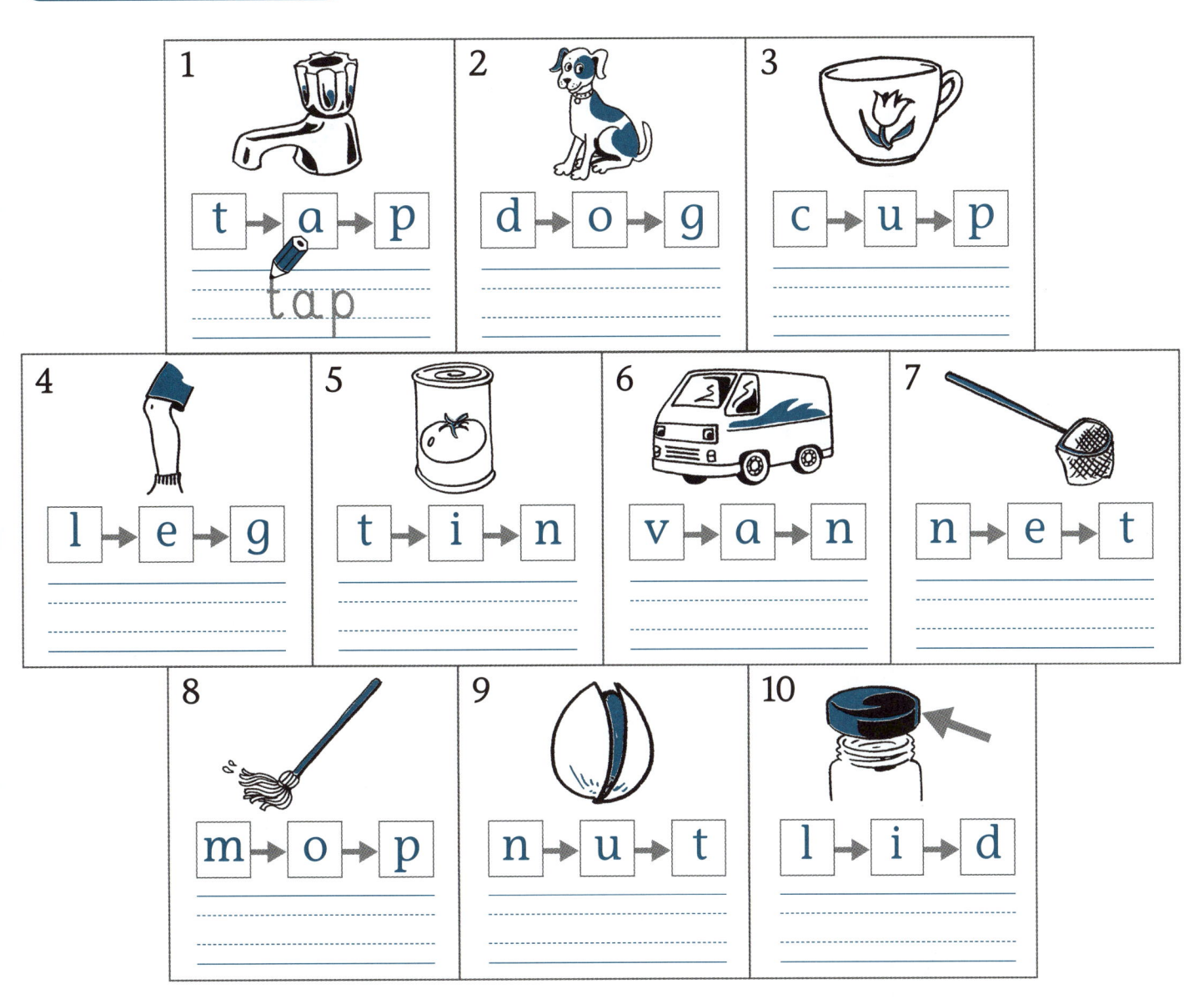

1. t → a → p
tap

2. d → o → g

3. c → u → p

4. l → e → g

5. t → i → n

6. v → a → n

7. n → e → t

8. m → o → p

9. n → u → t

10. l → i → d

2 Write.

a words	e words	i words	o words	u words
tap			dog	

Spelling and reading CVC words with varied vowels

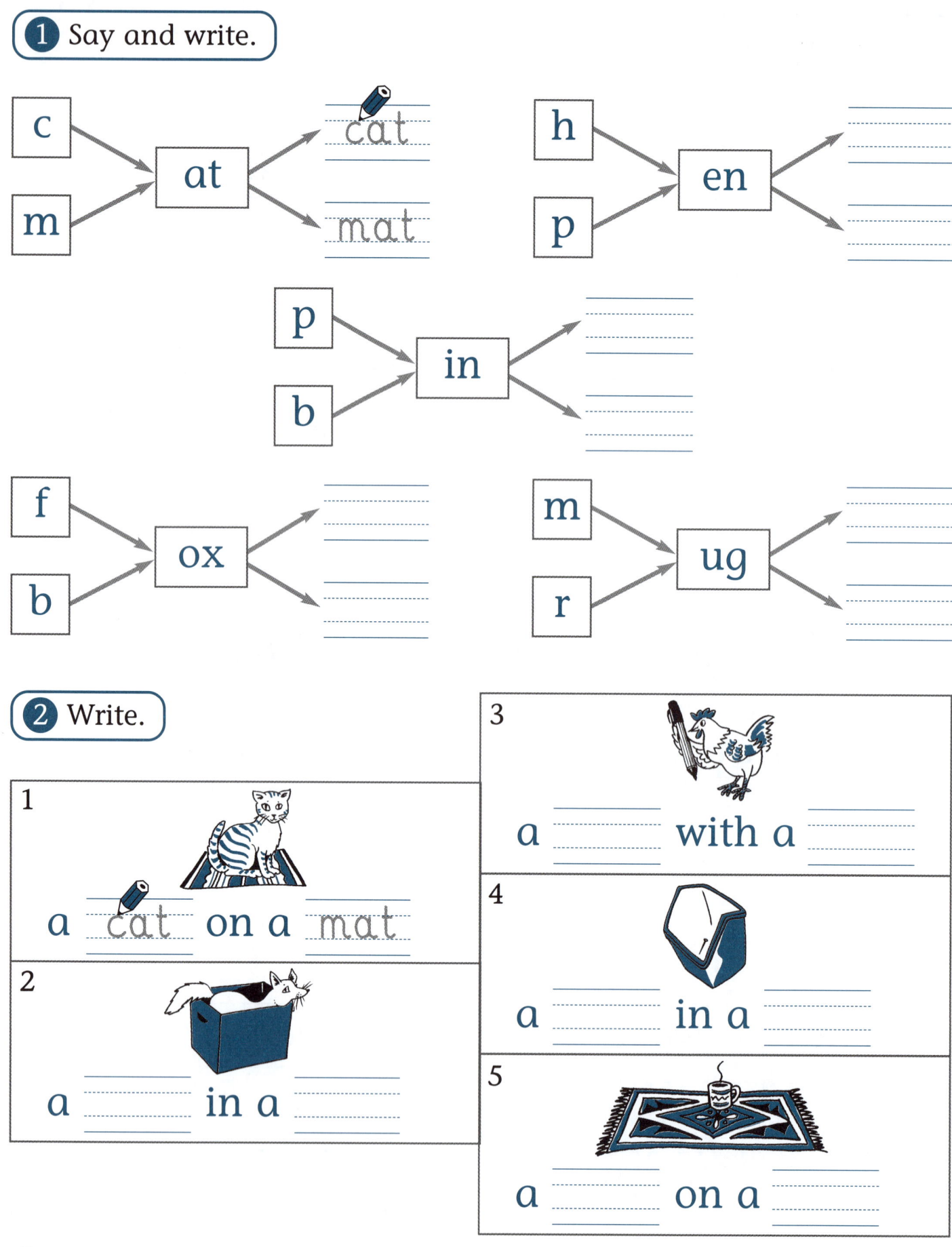

1 Say and write.

ch**air**

2 Colour the **four** pictures that **begin** with **ch**.

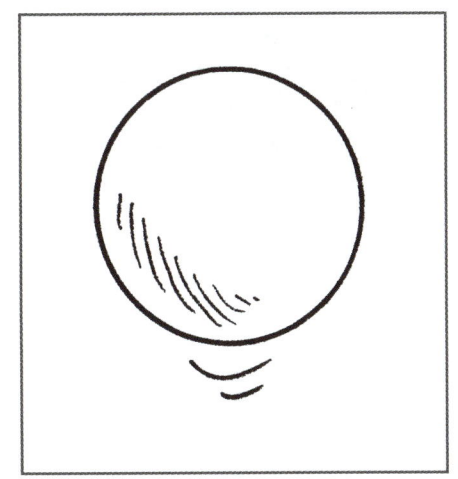

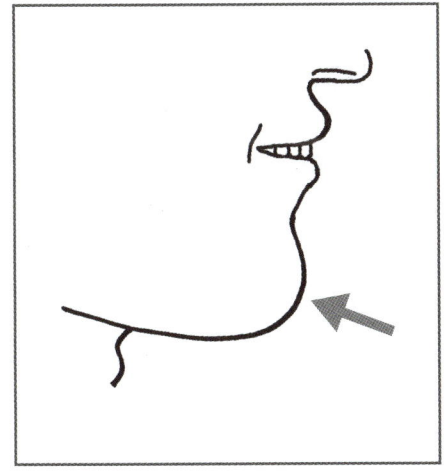

Identifying **ch** at beginning of words

1 Say and write.

ship

2 Colour the **four** pictures that **begin** with **sh**.

sh

30 Identifying **sh** at beginning of words

1 Say and write.

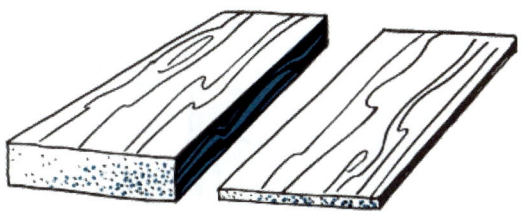

thick and **th**in

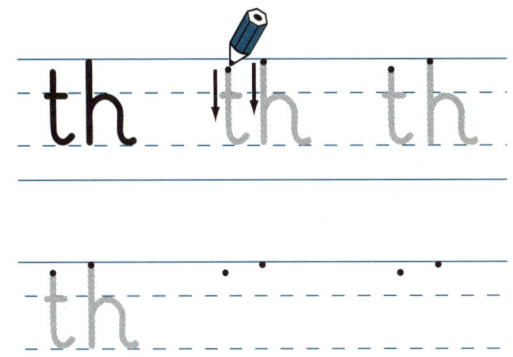

2 Colour the picture in each line that **begins** with **th**.

1

2

3

Identifying **th** at beginning of words **31**

1 Circle the sound that each word **begins** with.

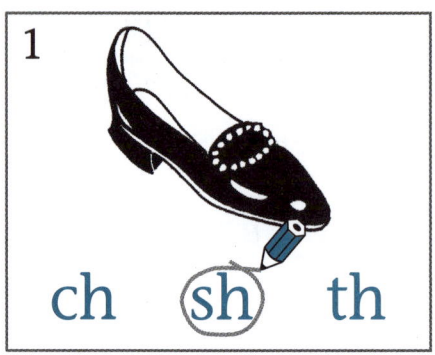
1
ch (sh) th

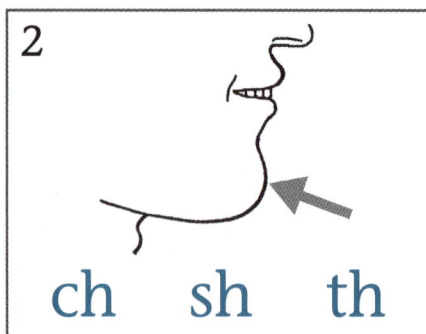
2
ch sh th

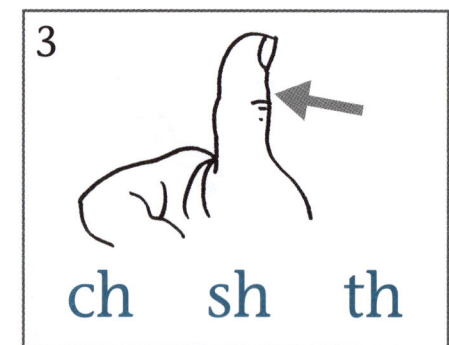
3
ch sh th

4
ch sh th

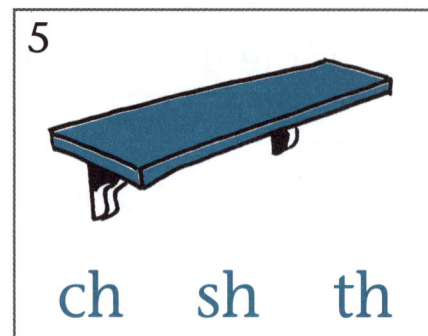
5
ch sh th

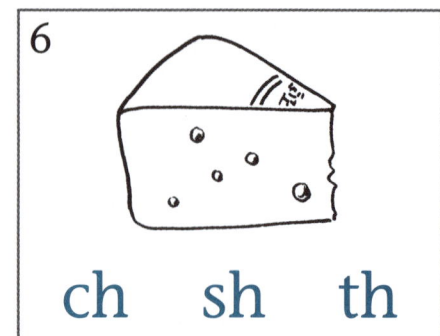
6
ch sh th

2 Circle the sound that each word **ends** with.

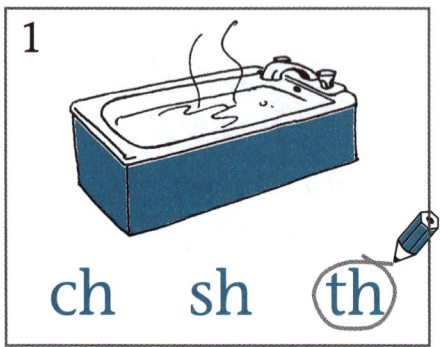
1
ch sh (th)

2
ch sh th

3
ch sh th

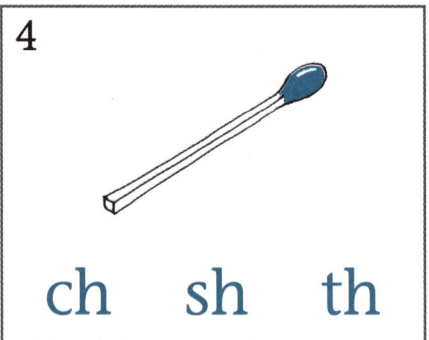
4
ch sh th

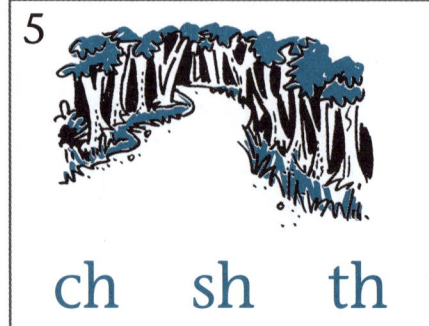
5
ch sh th

6
ch sh th

32 Identifying **ch**, **sh** and **th** at beginning and end of words